8° L k⁷ 2829

SOUVENIRS HISTORIQUES

ET PITTORESQUES

DE FONTAINEBLEAU

AVEC L'ITINÉRAIRE DESCRIPTIF

DU

PALAIS ET DE LA FORÊT

SUIVIS D'UNE NOTICE

Sur Larchant, Melun, Milly, Montereau, Moret, Nemours et Praslin.

PAR C.-F. DENECOURT.

PRIX : 4 FR.

FONTAINEBLEAU

CHEZ L'AUTEUR ET CHEZ LES LIBRAIRES.

INTRODUCTION.

O vous dont le cœur et l'âme se réjouissent à la vue de tout ce qui plaît, de tout ce qui charme ! vous qui aimez à bien voir, à bien explorer les belles choses ; vous qui, enfin, venez à Fontainebleau pour y éprouver de suaves impressions de voyages et en repartir avec des souvenirs réellement exacts et ineffaçables, n'oubliez pas qu'il s'agit ici d'un immense palais, d'un véritable pêle-mêle de châteaux dont les cent façades et pavillons abritent et enferment un dédale de magnifiques appartements, de vastes galeries et d'antiques chapelles, où brillent mille tableaux, mille chefs-d'œuvre qui rappellent tous les grands artistes, toutes les célébrités qui ont illustré, qui ont éternisé cette antique et belle résidence !

Visitez dans ses curieux et merveilleux détails ce palais, œuvre de huit siècles et de quatorze rois! palais si remarquable et si riche de souvenirs ! palais, que François Ier et Henri IV ont tant embelli, tant aimé! palais où Diane de Poitiers et la tendre Gabrielle, ainsi que tant d'autres illustres beautés, sont venues se délecter et exercer l'empire de leurs charmes!...

Visitez, de ce palais où Napoléon fit ses touchants adieux, le parc aux frais ombrages, les jardins embaumés, leurs eaux limpides, leurs lacs en miniature, leurs soyeuses pelouses, leurs délicieux bosquets; tous ces lieux enchantés par la nature et que l'art a si gracieusement et coquettement parés!...

Mais surtout n'oubliez pas que la vaste forêt qui entoure Fontainebleau n'est rien moins, elle aussi, qu'un immense et admirable pêle-mêle; mais un pêle-mêle de monts et de rochers, de gorges sineuses et profondes, d'antres et de cavernes; pêle-mêle, qu'en déchirant la terre le déluge a si bien formé, si bien arrangé! pêle-mêle que Saint-Louis appelait ses *chers déserts*; déserts, en effet, trois fois délicieux! déserts aux mille sites variés, aux mille ravissants points de vue! déserts dont l'aspect à la fois sauvage et éminemment pittoresque, vous saisit et vous charme dès que vous y pénétrez!...

N'oubliez pas, non plus, que cette forêt si belle et sans rivale, que ce féérique jardin, cet Éden comme Dieu seul sait en planter, est sillonné d'innombrables routes et de chemins tourmentés dont le développement excède 200 myriamètres (600 lieues)!

N'oubliez pas, voulons-nous dire, que pour visiter dignement notre Fontainebleau, il ne faut pas s'y aventurer au hasard, comme font maints voyageurs qui, dans la pensée qu'il s'agit ici d'un parc de Saint-Cloud ou d'un bois de Boulogne, s'en retournent pour la plupart après s'être vainement fatigués ou fait exploiter sans avoir vu à peine quelques-uns de nos sites.

Non ce n'est pas ainsi, ce n'est pas en se confiant au hasard ou à de prétendus cicérones connaissant eux-mêmes fort peu la forêt, que l'on parviendra jamais à la visiter convenablement, mais en s'y prenant avec une certaine méthode et en quelque sorte avec art. Cet art, nous avons dit ailleurs comment et à quel prix nous l'avions acquis. Mais ceci importe peu aux curieux amateurs qui viennent pour explorer nos romantiques déserts, nos agrestes rochers, nos antiques futaies, nos chênes sacrés. L'essentiel c'est de leur fournir les moyens de les parcourir facilement et très agréablement. Ces moyens que nous avons déjà produits dans nos premières éditions, nous les reproduisons mieux encore dans celle-ci.

La partie historique comme la partie descriptive de cet ouvrage ont été traitées avec soin, et sont le résultat de laborieuses recherches. Les historiens les plus anciens comme les plus modernes, les Mémoires, les Biographies, rien n'a été négligé. Parmi les auteurs que nous avons consulté, et où nous avons puisé de précieux renseignements, nous citerons le père *Dan*, historiographe du château de Fontainebleau sous Louis XIII; *Morin*, auteur de l'Histoire du Gâtinais; l'abbé *Guilbert*, qui, en 1725, a écrit l'Histoire du Château et de la Forêt de Fontainebleau; *Dulaure*, l'auteur de l'Histoire des environs de Paris; MM. *Jamin* et *Vatout*, auteurs des meilleurs livres qui aient été publiés sur Fontainebleau.

Disons aussi que, pour intéresser davantage le lecteur, nous avons ajouté à cette édition l'histoire et la description des endroits les plus remarquables des environs de Fontainebleau, tels que Melun, Moret, Nemours, Milly, Larchant, Montereau, Praslin, etc., etc.

ITINÉRAIRE DU PALAIS.

On entre au palais soit par la grille principale donnant sur la place du Ferrare, ou bien par la modeste porte de la cour des Mathurins donnant sur la rue des Bons-Enfants (1). Les portiers vous indiqueront la Conciergerie où se tiennent des employés chargés de conduire dans les appartements.

Voici quelles sont les parties du Château qui méritent réellement d'être visitées et l'ordre de marche actuellement observé :

COUR DES ADIEUX. — Sous François Ier, qui la fit construire, elle était appelée *Grande-Cour*, à cause de son étendue qui est de 152 mètres sur 102 mètres; puis *Cour des tournois*, parce qu'elle était, lors des

---

(1) Les appartements sont ouverts tous les jours, de 11 heures à 4 heures.

grandes fêtes, le théâtre de ces joutes chevaleresques, assez rudes et souvent périlleuses qui faisaient les délices de la cour et de la noblesse de ces temps-là; on la nomma *Cour du Cheval-Blanc*, parce que, sous le règne de Charles IX, la fameuse Catherine de Médicis, digne mère de ce roi, y fit placer un cheval en plâtre qu'elle avait envoyé mouler à Rome d'après celui de Marc-Aurèle. Cette figure équestre, quoique abritée sous un dôme qu'on avait élevé au milieu de la cour, tomba de vétusté, en 1626, après avoir duré environ soixante ans.

Mais en 1814, époque de tristes souvenirs pour la France, la Cour du Cheval-Blanc reçut, par les mémorables adieux de Napoléon, un quatrième baptême, baptême assurément bien fait pour éclipser, pour effacer tous ceux qui l'ont précédés......

Oui, c'est là, dans cette cour, à quelques pas en avant des deux petites fontaines que l'on y voit, que le 20 avril 1814, à midi, Napoléon, entouré des nobles débris de sa vieille et fidèle garde, leur adressa, au moment même de son départ pour l'exil, ses touchants adieux.

La Cour des Adieux est enfermée au nord et à l'est par deux suites de bâtiments qui datent du temps de François Ier, et dont le style composite est d'un effet passablement pittoresque.

Au sud de la cour était une façade aussi coquette que celle du nord et comprenant la galerie d'Ulysse, l'une des plus vastes et des plus remarquables du palais par les nombreuses et charmantes compositions du Primatice qui la décoraient; et que le mauvais goût, c'est à dire le vandalisme de Louis XV, fit démolir pour édifier, à la même place, le très grand et très disgracieux corps de bâtiment, espèce de caserne, que nous voyons aujourd'hui.

La belle grille en fer, à lances dorées, qui limite

cette cour du côté de l'ouest, est due à Napoléon.

Les deux aigles que la décorent ont été replacées là après la révolution de février par M. Auguste Luchet, alors gouverneur du palais.

Le joli petit mur balustradé qui divise la cour en deux parties, et dont les extrémités se terminent par des pilastres surmontés de magnifiques candélabres, est un des nombreux souvenirs que le roi Louis-Philippe aura laissés au château de Fontainebleau.

Mais la plus belle chose à voir dans la Cour des Adieux, c'est le monumental escalier qui décore la façade du fond, œuvre du savant Lemercier, architecte de Louis XIII. C'est l'escalier d'honneur; mais on l'appelle *Escalier du Fer à Cheval*, à cause de sa forme qui est à peu près celle d'un fer à cheval.

GALERIE DES ASSIETTES. — C'est une véritable miniature d'appartement qui, naguère, n'était qu'un passage en plein air; son heureuse transformation est due à Louis-Philippe. Les vingt tableaux qui en font le principal ornement sont du célèbre Ambroise Dubois, peintre de Henri IV; ils ont été restaurés par M. Alaux. Les plus remarquables sont : Une Danse d'Enfants autour du chiffre de Henri IV; une Junon, une Cérès, un Neptune, la Victoire, une Renommée, un Jupiter, un Concert de Musique, une Vénus et les Amours, une Minerve, une Flore.

Parmi les lambris dorés, qui recouvrent les murs de cette jolie petite galerie, on a placé, d'une manière tout à fait singulière, des assiettes en porcelaine de Sèvres sur lesquelles sont de gracieuses peintures. Il y en a trente-six qui représentent les principaux monuments français, et cinquante-deux qui contiennent des sujets relatifs à l'histoire de Fontainebleau, des paysages pris dans la forêt, ou des vues du château :

l'indication de chaque sujet se voit dans un petit médaillon sur le pourtour des assiettes.

APPARTEMENT DE MADAME LA DUCHESSE D'ORLÉANS.

ANTICHAMBRE. — Huit tableaux, dont les plus remarquables sont : Alexandre au tombeau d'Achille, par Flameel; la Marchande d'Amours, par Vien, maître de David; puis l'Amour fuyant l'Esclavage, par le même peintre.

SALON D'ATTENTE. — Achille à la cour de Lycomède, par Coypel; l'Enlèvement d'Hélène, peinture de l'école française; les Attributs de l'Histoire et ceux de la Musique, par Mignard.

Riche tapisserie des Gobelins, sur laquelle sont figurés divers sujets tirés de la Fable.

Très beau buffet en ébène, avec des sculptures qui rappellent la perfection de travail du seizième siècle.

SALON DE FAMILLE. — Cinq tableaux, parmi lesquels nous citerons les Attributs de la Peinture, par Valayer; les Attributs Militaires, par Delaporte; et un Amour, par Sauvage.

Deux belles tapisseries des Gobelins, dont l'une représente Cérès, et l'autre les Muses.

CHAMBRE A COUCHER. — On y remarque les tableaux suivants : La Naissance de Louis XIII, par Menjaud; l'Établissement de l'Ordre de Saint-Bruno, par Monsiau; François Ier écrivant des vers au bas du portrait d'Agnès Sorel, par Bergeret.

CABINET DE TOILETTE. — Meubles très coquets, très gracieux, et dans le goût des plus élégants boudoirs de la capitale.

APPARTEMENT DU DUC D'ORLÉANS.

CABINET DE TOILETTE. — Restauré à neuf, et aussi joli, aussi coquet que la pièce qui le précède.

CHAMBRE A COUCHER. — Cette pièce, qui a servi d'oratoire au pape Pie VII, lors de sa captivité à Fontainebleau, est splendidement décorée, et renferme des meubles dignes de fixer l'admiration du visiteur. L'auteur des arabesques parsemées dans les caissons de la voûte, et de celles qui ornent les panneaux du lambris, est le célèbre Cotelle, de Meaux. Les riches tapisseries qui décorent les intervalles représentent : Les Malheurs de la Guerre; la Bataille d'Arbelle; le Passage du Granique, et le Triomphe d'Alexandre.

SALON. — Très beau plafond en caissons à compartiments, dans lesquels, au milieu des figures allégoriques en relief, on a rappelé l'époque de sa décoration par le chiffre de Louis XIII et de sa femme, Anne d'Autriche. Tous les ornements de ce salon sont dorés.

La tapisserie, plus riche et plus remarquable encore que dans la pièce qui précède, se compose de sept parties, dont six avec des arabesques; les sujets qu'elle représente sont : Une Minerve; une Chasse au Léopard, une Chasse à la Panthère; un Jupiter, un Bacchus, une Vénus avec les Attributs de la Volupté, Mars avec ceux de la Guerre, et une Minerve avec les Attributs des Sciences. Ces tapisseries, d'après les dessins de Jules Romain, faites aux Gobelins, datent du commencement de cet établissement.

SALLE DE BILLARD. — Deux tableaux, dont une Chasse au Tigre, par Patel; et une Chasse au Lion, par Lancret.

Quatre parties de tapisseries sur lesquelles sont figurés des sujets tirés de la Bible.

Un meuble à colonnes, en chêne, très remarquable et dont les antiques sculptures représentent la chute d'Apollon, puis un autre en ébène également très remarquable, de la même époque.

GRANDE ANTICHAMBRE, servant aussi de Salle à Manger. — Cette pièce, dont le plafond est moderne et à compartiments de bon goût, est ornée de vingt-deux tableaux plus ou moins remarquables, et parmi lesquels nous mentionnerons : Le Temple de la Gloire et celui des Muses, par Lemaire-Poussin; Herminie chez le Berger, par Lemaire-Poussin; la Toilette d'Herminie, par le même; Jacob partant pour la Mésopotamie, par Mignard; l'Intérieur de l'Église de Saint-Laurent, à Nuremberg, par Justin-Ouvrié; Tobie rendant la vue à son père, par Lancrenon; Vue prise dans la Grande-Rue d'Inspruck, par Guiaud; Trois tableaux d'Horonois représentant Saint-Louis, Henri IV, et Louis XIV dans la forêt de Sénart; Ulysse chez Nausicaa, par Lagrenée; Henriette, reine d'Angleterre, débarquant en France, par madame Hersent; six Paysages, dont cinq par Breugel, et un de l'école flamande.

VESTIBULE DES GRANDS APPARTEMENTS. — Cette pièce est remarquable par six portes de forme antique et sculptées d'un manière tout à fait imposante. On voit dans la frise, autour du plafond, le chiffre des souverains qui ont le plus contribué à l'embellissement du palais de Fontainebleau.

GRANDE-CHAPELLE. — C'est l'un des plus gracieux vaisseaux d'église que l'on rencontre en Europe. Saint-Louis en fut le fondateur en 1229; mais alors ce n'était qu'une espèce d'oratoire, que François Ier fit démolir et remplacer par la chapelle que nous voyons aujourd'hui, en la laissant toutefois sans aucun ornement. La décoration n'en fut commencée que sous Henri IV, et terminée par Louis XIII, son fils et successeur. Les peintures, qui sont de Fréminet, artiste des plus remarquables de ce temps-là, se composent d'abord de cinq grands tableaux, peints sur la voussure; le premier au-dessus de la tribune, représente Noé faisant entrer sa famille dans l'arche; le second, à la suite, la Chute des Anges; le troisième, les Puissances célestes entourant Dieu le Père et lui rendant hommage; le quatrième, Dieu envoyant l'ange Gabriel annoncer le Messie sur la terre; le cinquième, les Saints Pères apprenant l'annonce du Messie.

Au-dessus de la tribune des musiciens, le tableau a pour sujet l'Annonciation de la Vierge.

Ces six grandes compositions sont accompagnées de quatre tableaux symboliques et de forme ovale; puis entre les trumeaux des fenêtres sont peints, à peu près grands comme nature, les rois de Jérusalem, Saül, David, Salomon, Roboam, Abbias, Azar, Josaphat et Joram. Sur la droite et sur la gauche des rois, des grisailles représentent les patriarches et les prophètes, puis entre ces grisailles, les figures emblématiques de la Prévoyance, de la Patience, de la Diligence, de la Paix, de la Concorde, de la Clémence, etc., etc.

Les quatre angles de la voûte sont remplis par quatre tableaux : ceux du côté de l'autel représentent la Foi et la Religion, et ceux au-dessus de la tribune, l'Espérance et la Charité.

L'autel, élevé sous Louis XIII, est l'ouvrage de l'italien Bordoni : le tableau qui le décore est une Descente de Croix, par Jean Dubois, peintre français. Les deux statues qui, à droite et à gauche représentent Charlemagne et Saint-Louis, sont de Germain Pilon. Au dessus de l'autel sont quatre anges en bronze du même auteur.

Cette chapelle, dédiée à la Sainte-Trinité, a quarante mètres de longueur sur huit mètres de largueur; sa hauteur, prise sous clé de voûte, est de seize mètres.

Son parvis est une riche mosaïque de différentes espèces de marbres.

GALERIE DE FRANÇOIS Ier (1). — Cette galerie, construite en 1530, par François Ier, a soixante mètres de longueur sur six mètres de largeur. Son plafond et ses lambris sont en bois de noyer couvert de sculptures, au milieu desquelles on voit alternativement des salamandres alimentées par des flammes et des trophées, devises du roi.

Treize grands tableaux entourés d'immenses bas-reliefs en stuc, accompagnés de médaillons et peints à fresque, sont l'œuvre du célèbre Rosso, peintre de l'école italienne, et non de Primatice comme certains biographes l'ont avancé. En voici l'énoncé :

Sur le côté à droite, qui est celui donnant sur la cour de la Fontaine, l'on trouve : François Ier ouvrant à ses sujets le Temple des Lettres et des Sciences; l'Union de tous les corps du royaume, où l'on voit François Ier entouré de tous les Ordres; le Dévoûment de Cléobis et de Biton; Danaé; la Mort d'Adonis; l'Arrivée d'Esculape à Rome, et la Fontaine de Jouvence; le combat des Lapythes et des Centaures.

Sur le côté gauche, en retour, l'on rencontre :

Vénus qui châtie l'Amour pour avoir abandonné Psyché; l'Éducation d'Achille; le Naufrage d'Ajax; la Ruine et l'Incendie de Troie, et la Piété filiale d'Énée; un Triomphe représenté par un Éléphant; l'Appareil d'un Sacrifice.

Ces treize grands tableaux sont autant d'allégories

---

(1) Cette vaste salle est en pleine restauration.

rappelant les victoires, les revers et les amours de François Ier.

Au fond de la galerie se trouve, sur un piédestal, la statue en plâtre de ce roi.

APPARTEMENTS DE L'EMPIRE.

ANTICHAMBRE. — Deux tableaux remarquables, un surtout qui représente une Sainte Famille, de Raphaël, et l'autre la Leçon de flûte, par Lancret. Le premier est momentanément déplacé.

CABINET DES SECRÉTAIRES. — Deux pièces très élégamment meublées et dont une possède un Tableau de fleurs, véritable chef-d'œuvre de Van Spaendonck.

SALLE DES BAINS. — Remarquable par ses Glaces et ses Peintures.

SALON D'ABDICATION. — Cette pièce, élégamment et richement décorée, est ainsi nommée parce que c'est là, sur une modeste table qu'on y voit, où Napoléon a signé son abdication !...

CABINET DE L'EMPEREUR. — Au plafond est un tableau de J.-B. Régnault, dont le sujet représente la Force et la Justice. Le bureau est celui de l'empereur; il sort des ateliers du fameux ébéniste Jacob.

CHAMBRE A COUCHER. — C'était celle de Napoléon. Rien n'y a été changé; le lit, les meubles sont ceux qui lui servaient. Les six tableaux au dessus de la porte représentant des Amours avec divers Attributs, sont l'œuvre de Sauvage.

SALON DE FAMILLE, autrefois Salle de Conseil. — La magnifique décoration de cette pièce est due à

François Boucher, peintre de Louis XV. Le grand tableau représente Apollon suivi par des Amours et précédé par l'Aurore. Dans les quatre angles sont les Attributs des Saisons de l'année. Les peintures des panneaux représentent diverses allégories également ravissantes d'exécution et de couleur. Les dessus de porte, du même peintre, sont des paysages.

SALLE DU TRONE. — La riche décoration de cette salle date de la fin du règne de Louis XIII et du commencement de celui de Louis XIV, comme l'indiquent les emblêmes de ces deux rois, tels que les massues et les soleils qui sont en grand nombre parmi les ornements.

Le portrait en pied de Louis XIII, qu'on voit sur la cheminée, est peint d'après Ph. de Champagne.

Le magnifique lustre, en cristal de roche, qui orne la salle du trône, coûte 50 mille francs. Le trône qui se trouve là date seulement du règne de Napoléon qui n'y donna qu'une seule fois audience.

BOUDOIR DE LA REINE. — Cette jolie petite pièce a été décorée, en 1780, par ordre de Louis XVI, pour Marie-Antoinette. Les panneaux sont couverts d'arabesques sur fonds divers. Les quatre dessus de portes, peints par Beauvais, représentent les Muses. Le sujet qui orne le plafond représente l'Aurore, par Barthélemy.

On remarque, incrusté au parquet, qui est en acajou, le chiffre de l'infortunée reine. Les espagnolettes des croisées, d'un travail admirable, ont été faites par Louis XVI, qui s'exerçait, comme on le sait, à faire la serrurerie.

Le charmant petit vase en bronze et ivoire dorés, que l'on voit dans cette pièce, fut donné à Napoléon par son beau-père, l'empereur d'Autriche.

CHAMBRE A COUCHER DE LA REINE. — Le plafond, magnifiquement sculpté, est décoré d'un très beau et très grand médaillon, accompagné de quatre plus petits, avec des ornements surhaussés d'or. On remarque aussi dans cette pièce les riches tentures que supporte le baldaquin du lit, ainsi que deux commodes venant de la chambre de Marie-Antoinette à Versailles.

SALON DE MUSIQUE. — Le plafond est décoré d'un tableau peint par Barthélemy, dont le sujet représente les Neuf-Muses et une Minerve, par Vincent. Les dessus de porte, peints par Sauvage, représentent des sacrifices faits au dieu Mercure.

Une table en porcelaine de Sèvres, d'une très belle exécution, peinte par Georget.

PETIT SALON. — Cette pièce renferme un meuble, également en porcelaine de Sèvres, très remarquable, et qui a été donné à madame la duchesse d'Orléans, à l'occasion de son mariage, en 1837. Les peintures qui en décorent le pourtour, représentent l'arrivée de la princesse à Fontainebleau, sa réception au Château, et les diverses cérémonies de son mariage.

GALERIE DE DIANE. — Cette galerie, de plus de quatre-vingts mètres de longueur, et dont les croisées donnent sur le jardin du roi, fut construite par Henri IV en l'an 1600, et décorée par Ambroise Dubois, peintre célèbre de cette époque. La voussure, comme tous les lambris de cette longue salle, étaient couverts de ses chefs-d'œuvre. Mais malheureusement le temps et l'état d'abandon dans lequel Fontainebleau est resté après la chute de la royauté, ont amené la destruction de ces chefs-d'œuvre!

Cependant, Napoléon, en restaurant cette antique résidence, et ensuite Louis XVIII qui voulait y laisser

— 18 —

quelques souvenirs de son règne, nous rendirent sinon les peintures d'Ambroise Dubois, du moins une nouvelle galerie de Diane, où figurent plus de cinquante belles compositions dont les sujets sont tirés de la Mythologie et peints à l'huile sur plâtre, par MM. Abel de Pujol et Blondel; ils représentent en grande partie la fabuleuse vie de Diane et d'Apollon. Outre ces nombreuses et belles fictions, on voit dans la galerie de Diane, vingt-cinq tableaux sur toile, acquis par la liste civile à la suite des expositions de 1815 à 1824.

Ces tableaux, tous d'une belle dimension et portant le nom de leurs auteurs, sont placés sur les côtés de la salle. En voici l'énoncé avec les numéros d'ordre :

50, Charlemagne franchissant les Alpes; 51, Henri IV au siége de Paris; 52, Vue du château de Fontainebleau et Henri IV relevant Sully; 53, Entrée de Charles VIII dans la ville d'Aquapendente; 54, Bayard partant de Brescia; 55, le Dauphin sauvé par Tanneguy-Duchâtel; 56, le portrait équestre d'Henri IV; 57, Saint-Louis au tombeau de sa mère; 58, Vue du château de Pau, 59, Henri IV et le capitaine Michau; 60, Courageuse défense de Louis VII; 61, l'Ermite Pierre prêchant les croisades; 62, Diane de Poitiers demandant la grâce de son père à François Ier; 63, Clotilde exhortant Clovis à embrasser le christianisme; 64, François Ier visitant la fontaine de Vaucluse; 65, Jeanne d'Arc fait enlever l'épée de Charles Martel; 66, Louis XIII forçant les retranchements du Pas-de-Suze; 67, Chérebert, fils de Clotaire, rencontrant une bergère; 68, le Roi de Navarre et la mère de Henri IV; 69, Saint-Louis rachetant des prisonniers; 70, Mort de Bayard, en 1524; 71, Sully, blessé, rencontré par Henri IV; 72, Vue de la plaine et de la colonne d'Ivry; 73, Calorman blessé à mort dans la forêt d'Yveline; 74, Jeanne-d'Arc se dévoue au salut de la France.

A l'extrémité de la galerie, on admire un immense et magnifique Vase en biscuit, sortant de la manufacture de Sèvres. Puis un autre moins grand placé au milieu de la galerie.

APPARTEMENTS DE RÉCEPTION.

ANTICHAMBRE. — On voit dans cette pièce, dont le plafond à caissons est magnifique, trois panneaux en tapisseries des Gobelins d'après les tableaux de Coypel. Le premier représente don Quichotte et Sancho sur le cheval de bois; le deuxième, Sancho se reposant dans l'île de Bataria, le troisième don Quichotte consultant la tête enchantée.

De cette antichambre, on interrompt un instant la visite des appartements de réception pour voir l'appartement des chasses en passant sur le haut de l'escalier de la reine et revenir après avoir remarqué principalement des tableaux représentant des sujets de chasse, dont les plus estimés sont peints par Oudry, Parrochet et Desporte.

SALON DES TAPISSERIES. — Il est ainsi nommé à cause des admirables tapisseries qui le décorent et dont la majeure partie vient des manufactures de Flandre. Elles représentent les mois de l'année avec les signes du zodiaque. Le panneau qui est sur la cheminée, fait d'après le tableau du baron Gros, représente François Ier et Charles-Quint visitant les tombeaux de Saint-Denis.

Le plafond de cette pièce, restaurée en 1835, est très remarquable; sa structure se rapporte à l'époque du seizième siècle.

SALON DE FRANÇOIS Ier. — C'était le salon de famille de ce prince; c'est lui qui l'avait fait décorer du gracieux plafond, des lambris et de la magnifique cheminée qu'on y admire. Les tableaux qui sont au dessus des trois portes, représentent : Saint-Louis recevant l'hommage du duc de Bretagne, par Rouget; Saint-Louis, prisonnier, par le même artiste; et les Attributs de la Musique.

Le médaillon sur la cheminée, représente Mars et Vénus, peinture à fresque du célèbre Primatice. Au dessous est un bas-relief en stuc, apporté d'Italie en 1528. C'est un sacrifice chez les Anciens.

Les tapisseries, qui décorent en grande partie cette très belle pièce, ont été faites aux Gobelins; elles représentent les sujets suivants, qui sont tous de l'école du peintre Rouget: François Ier rejetant l'offre des députés de Gand; François Ier à La Rochelle; Saint-Louis reçoit, à Ptolémaïs les envoyés du Vieux de la Montagne; Saint-Louis, arbitre entre le roi d'Angleterre et ses barons; Henri IV et Crillon; un Guerrier du temps des croisades; Allégorie représentant la France; Henri IV à l'assemblée des notables.

On remarque aussi dans ce salon quatre beaux meubles, façon Boule, dont la fabrication est toute récente.

SALON DE LOUIS XIII. — C'était, jusque vers le milieu du règne de Henri IV, la chambre à coucher des reines de France.

Louis XIII y est né en 1601. Elle fut décorée par le célèbre Paul Bril. Ambroise Dubois, qui exécuta les peintures, a tiré ses sujets du roman grec *Théagène et Chariclée*, œuvre de l'évêque de Trica. Quinze grands tableaux d'une merveilleuse composition, qui rappellent la plus belle époque de l'art en Italie, achevèrent de faire de ce salon la pièce la plus élégante parmi toutes celles déjà décrites. Sous Louis XV, ces tableaux furent réduits à onze, parce qu'alors on avait besoin de portes plus larges pour ne pas gêner les grandes dames avec leurs paniers et leurs costumes à la Pompadour.

Le premier de ces tableaux, celui qui est sur la cheminée, représente un Sacrifice, dans lequel Théagène remet à Chariclée le flambeau qui doit servir à allumer le bûcher;

Le deuxième, au plafond et en face de la cheminée, est le serment de Théagène;

Le troisième, au milieu du plafond : Apollon et Diane apparaissant à Calasiris.

Le tableau ovale, à la suite, et peint à l'huile par Paul Bril, a pour sujet Louis XIII enfant, monté sur un dauphin entouré d'Amours, avec les insignes de la royauté;

Le quatrième, d'Ambroise Dubois : Théagène dans l'île des Pâtres;

Le cinquième : Théagène et Chariclée dans une caverne de cette île;

Le sixième : première entrevue de Chariclée et de Calasiris;

Le septième : seconde entrevue du Grand-Prêtre avec Chariclée;

Le huitième : Calasiris, Théagène et Chariclée abandonnés sur le rivage d'Afrique;

Le neuvième : Théagène et Chariclée, prisonniers dans l'île des Pâtres : ils s'acheminent vers l'Égypte;

Le dixième : Départ de Théagène et de Chariclée;

Le onzième : Enlèvement de Chariclée, prêtresse de Diane, par Théagène et ses Thessaliens.

Les meubles de ce salon, comme tous ceux des précédents, datent de l'empire. Parmi eux, on remarque une console très élégante, avec un riche marbre en vert de mer.

SALLE DE SAINT-LOUIS. — Ce sont deux grandes pièces, qui, au moyen de la très large porte vitrée qui les sépare, n'en font pour ainsi dire qu'une seule; c'était jadis la chambre à coucher de Louis IX. Leur décoration actuelle a été commencée sous Louis XV, et continuée sous l'empire; le plafond a été orné seulement en 1855.

Sur la vaste cheminée, dont le chambranle est du temps de Louis XIV, s'élève un bas-relief en marbre blanc représentant Henri IV à cheval, par Jacquet, dit Grenoble. Des tableaux qui surmontent le lambris, cinq sont relatifs à la vie de ce monarque :

Le premier, Henri IV quittant la belle Gabrielle.

Le deuxième, Henri IV près de Sully blessé.

Le troisième, Henri IV chez le meunier Michau.

Le quatrième, Réconciliation d'Henri IV avec Sully, sous les arbres du Jardin Anglais.

Le cinquième, Henri IV, Sully et la belle Gabrielle.

Les autres tableaux sont des allégories, telles que la Sculpture, les Richesses de la Terre et des Eaux, le Printemps, l'Été, l'Automne et l'Hiver, puis l'Industrie avec toute sa suite.

Dans la deuxième partie de la salle sont trois des tableaux d'Ambroise Dubois, Théagène et Chariclée surpris par des voleurs; union de Théagène avec Chariclée; Cortége des jeux pythiens.

Du même auteur, deux autres tableaux qui sont : une Vue du camp des Croisés devant Jérusalem;

Attaque du camp des Croisés, par Clorinde et Argant.

Les deux tableaux qui représentent, sous la forme allégorique, l'Espérance et la Foi, sont de Lebrun; et les Amours avec divers Attributs sont de Nicolas Lenoir.

Parmi les meubles de la salle Saint-Louis on remarquera deux jolis bureaux avec incrustations et ornements divers en bronze doré.

SALLE DES GARDES. — Ainsi nommée parce qu'autrefois des Gardes-du-Corps de service se tenaient là pour veiller à la sûreté du roi; alors elle était d'une simplicité complète. Sa décoration actuelle ne remonte pas au delà de 1830. C'est M. Moënch qui a fait de cette pièce, une des plus belles choses à voir dans le château.

La cheminée, en marbre blanc, est un véritable monument. Dans son encadrement supérieur on y voit le buste de Henri IV, par Germain Pilon. Les deux statues, qui sont de chaque côté, sont l'œuvre du sculpteur Francaville; elles représentent, l'une la Force et l'autre la Paix.

La décoration de cette magnifique salle est alternée de manière à rappeler tous les princes qui ont concouru à l'élévation ainsi qu'à l'embellissement du palais de Fontainebleau, depuis François Ier, sa plus grande époque, jusqu'à Louis-Philippe. Des peintures à l'huile sur bois, des portraits enjolivés d'or, des arabesques entourant des figures allégoriques, tout cela enrichi de guirlandes d'un goût exquis; des chiffres et devises rappelant les différents règnes et les principaux événements qui ont signalé leur durée.

Ajoutons que, dans cette pièce, un magnifique parquet de marquetterie, en rapport avec le plafond, a achevé de la rendre l'une des plus grandioses et des plus coquettes.

La salle des Gardes servait de foyer de théâtre lorsque la cour venait séjourner à Fontainebleau et qu'elle y fait donner des représentations.

SALON DE LOUIS XV. — Autrefois c'était un passage, aujourd'hui c'est un joli boudoir.

Le tableau du plafond, qui est de F. Boucher, est une allégorie sur laquelle Louis XV est représenté comme le protecteur des Arts et des Sciences. Celui qui est à gauche en entrant est le portrait de Diane de Poitiers, par le Primatice.

Les sept autres tableaux qui ornent ce joli cabinet, et qui sont de l'école de Lebrun, représentent sous la forme allégorique, sept mois de l'année.

SALLE DE SPECTACLE. — C'était autrefois la salle de la Belle-Cheminée, ainsi nommée à cause d'une gigantesque et magnifique cheminée qui en décorait le fond, et que Louis XV fit disparaître pour transformer cette pièce en salle de spectacle, laquelle est très mesquine et n'offre absolument rien de remarquable.

Le Devin du Village, de Jean-Jacques Rousseau, y a eu sa première représentation en présence de la cour de Louis XV et du célèbre auteur lui-même, qui était parvenu à se faire introduire dans une loge grillée pour voir jouer sa jolie petite pièce, dont le succès outrepassa toutes ses espérances.

PETITE ANTICHAMBRE. — Porte de rotonde où l'on remarque une statue allégorique représentant la Fécondité.

ESCALIER D'HONNEUR. — C'était, sous François Ier, la chambre à coucher de la duchesse d'Étampes, maîtresse de ce monarque.

Elle a été supprimée sous Louis XV et remplacée par l'escalier que nous voyons aujourd'hui.

Les tableaux et les médaillons, entourés de dorures, majestueusement encadrés par des bas-reliefs en stuc, sont l'œuvre du Primatice et de Nicolo, qui les ont peints à fresque.

L'éclat et la magnificence qu'offre cet escalier, naguère dans le plus mauvais état, sont dus au riche talent de MM. Abel de Pujol et Moënch.

Les tableaux qu'on y admire sont :

Le premier, Alexandre domptant le cheval Bucéphale; le deuxième, Alexandre et la reine des Amazones; le troisième, Campaspe amenée devant Alexandre; le quatrième, Alexandre enfermant les œuvres d'Homère; le cinquième, Alexandre et Campaspe; le sixième, Alexandre coupant le nœud gordien; le septième, un festin d'Alexandre; le huitième, Alexandre faisant peindre Campaspe, devenue sa maîtresse.

Le tableau du plafond est dû au pinceau de M. Abel de Pujol; il représente l'Apothéose d'Alexandre.

Les portraits de Louis VII, de Louis IX, de François Ier, de Henri II, de Henri IV, de Louis XIII, de Louis XIV, de Napoléon, de Louis-Philippe et de la reine Amélie, sont l'œuvre de M. Moënch.

GALERIE DE HENRI II OU SALLE DE BAL. — Cette galerie, bâtie par François Ier et décorée par Henri II a 30 mètres de longueur sur 10 de largeur. C'est la plus belle et la plus vaste qu'ait construit la renaissance, dont elle porte au plus haut degré le cachet, a dit le savant M. Poirson dans un de ses brillants articles sur Fontainebleau, article que nous copions à peu près textuellement pour bien rendre cette description.

Les dix grandes arcades qui forment les baies des croisées de la salle de bal, sont bâties à plein centre et ont une épaisseur qui excède trois mètres: les portes sont petites; le plafond, en bois de noyer, est composé de 27 cadres ou caissons octogones, embellis, dans leurs concavités, d'architraves, de frises et de corniches. Tous les murs, à une hauteur de deux mètres, sont garnis d'un lambris de bois de chêne: au dessus de la porte est une tribune de menuiserie à parquet, destinée à recevoir les musiciens. Au plafond, les cadres ou caissons ont un fond d'argent et d'or: le lambris et la tribune sont ornés de filets d'or; l'effet de cet argent, de cet or et du bois, est vraiment prodigieux de richesse et d'élégance : il est impossible de trouver rien de plus doux, de plus caressant à l'œil, de plus riant à l'imagination... Parmi cette magnificence, mais toute matérielle, vous trouvez ces inestimables produits du génie; vous admirez neuf pages immenses et cinquante-quatre tableaux moins grands, que Primatice et Nicolo nous ont légués et que M. Alaux a dignement restaurés.

Tous ces sujets sont empruntés à l'ancienne Mythologie et pris dans ce qu'elle offre de plus poétique et de plus gracieux.

En partant de la tribune des musiciens, les quatre grandes compositions du côté du parterre sont les suivantes :

Cérès, au milieu des divinités de sa suite, préside aux travaux de la moisson.

Vulcain forgeant des armes pour Cupidon à la demande de Vénus.

Le soleil, entouré des Saisons et des Heures, parcourt les signes du zodiaque. Phaéton vient lui demander à conduire son char.

Philémon et Baucis, récompensés pour avoir donné l'hospitalité à Jupiter et à Mercure, et les Phrigiens punis pour la leur avoir refusée.

Les quatre autres grands tableaux sur le côté de la cour du donjon, toujours en partant de la tribune, sont :

Bacchus célébrant une bacchanale avec Hébé, des Faunes et des Satyres; quelques lions et léopards sont près de là.

Apollon, sur le Parnasse et près de la fontaine Castallie, exécute un concert avec six des Muses.

Les dieux assemblés pour une récréation regardent la danse des Trois Grâces.

La Discorde jetant la pomme sur la table du festin des noces de Thétis et de Pelée.

A ces huit grandes compositions, placées entre les

fenêtres, il faut en ajouter une neuvième, non moins grande, que l'on voit derrière l'orchestre de la tribune; ce sont divers groupes de musiciens et de danseurs, puis un groupe de femmes et d'enfants occupés d'un concert.

Quant aux cinquante-quatre compositions de moindre dimension, cinquante décorent les voûtes des dix arcades, et quatre sont à droite et à gauche de la cheminée.

Ces derniers représentent :

Hercule combattant un sanglier;

Une Diane aux enfers, ayant près d'elle Cerbère;

Un gentilhomme du temps de François Ier combattant un loup cervier;

Diane se reposant après la chasse. On prétend que c'est la célèbre Diane de Poitiers.

Tous les artistes, tous les connaisseurs qui viennent visiter et admirer la galerie de Henri II, cette merveille du château de Fontainebleau, s'accordent à dire, avec M. Poirson, que M. Alaux, en restaurant les chefs-d'œuvre qui foisonnent dans cette vaste salle, a rendu Primatice et Nicolo à la France et à l'art, autant qu'on pouvait les leur rendre.

On vient de placer dans cette admirable galerie un très beau vase en porcelaine de Sèvres.

CHAPELLE DE SAINT-SATURNIN. — Elle a été construite sous Louis VII, et rebâtie par François Ier. Sa décoration, qui consiste en divers ornements dorés, a été faite sous le règne de Louis XIII. Ses vitraux de couleur viennent de Sèvres; ils ont été faits sur les dessins de Marie d'Orléans, duchesse de Wurtemberg et fille du roi Louis-Philippe, morte à la fleur de son âge, à Pise, à Toscane. L'autel est celui sur lequel le pape Pie VII a célébré l'office divin, étant captif à Fontainebleau, depuis le 20 juin 1812 jusqu'au 21 janvier 1814.

GALERIE DES COLONNES. — Cette vaste pièce, d'une décoration sévère, avec d'énormes colonnes stuquées, peintes en vert de mer, a été construite depuis 1830. Elle servait de salle d'attente et quelquefois de salle à manger au Roi. Ses principaux ornements sont ceux du plafond à caissons, et ceux des portes qui sont modelées d'après celles du Louvre.

PORTE DORÉE. — Cette porte, communiquant de la cour du Donjon à l'avenue de Maintenon, est ainsi nommée à cause de la profusion de dorures dont elle brille. Sa décoration consiste en huit grands tableaux peints à fresque, par Nicolo, d'après les dessins du Primatice. — Ces huit compositions, restaurées par M. Picot, représentent :

Hercule habillé en femme par Omphal; Hercule dans les bras d'Omphal; un Titon et l'Aurore; le départ des Argonautes; Pâris blessé par Pyrrhus; Diane visitant Endymion; les Titans foudroyés par Jupiter; l'Aurore enlevant Orion.

Cette porte, dont la voûte à compartiments se compose de seize caissons, est supportée par deux colonnes en grès d'une seule pièce. Le millésime de 1528, ainsi que la Salamandre couronnée qu'on remarque parmi les ornements qui la décorent, indiquent suffisamment que sa construction appartient au règne de François I*er*.

COUR OVALE, DU DONJON, ou D'HONNEUR. — *Ovale*, à cause de son ancienne forme; du *Donjon*, parce qu'autrefois, étant fortifiée, elle possédait, comme tous les châteaux féodaux, le donjon de rigueur, c'est à dire une grosse tour carrée surmontée d'une tourelle; d'*Honneur*, parce que du temps de l'empire, Napoléon y descendait toujours en arrivant à Fontainebleau, et qu'il en avait fait le point central de sa résidence.

Cette troisième cour, dont l'étendue est de soixante-dix-sept mètres sur trente-huit, et qui jadis comprenait tout le château, est très remarquable par l'ancienneté des édifices qui l'entourent, et surtout par la singularité du style d'architecture, à la fois bizarre et grandiose, qui la distingue. On y voit encore le pavillon qu'habitait Saint-Louis, informe construction dont le côté sud est flanqué d'une tourelle dans laquelle règne un escalier qui est tout à fait en rapport avec l'aspect gothique du bâtiment. Mais ce qui doit fixer davantage l'admiration des artistes, ce sont : le péristyle donnant entrée aux appartements de la reine, et qui est l'œuvre de Serlio, architecte de François Ier; et la porte Dauphine, élégante construction élevée par Henri IV, et surmontée d'un dôme sous lequel fut baptisé, en 1606, le dauphin qui depuis a régné sous le nom de Louis XIII. On remarquera, à l'égard de la cour Ovale, comme à l'égard des autres parties du château, que toutes les constructions, qui sont ornées de salamandres ou d'F couronnés, appartiennent au règne de François Ier, et que toutes celles où l'on voit le chiffre de Henri IV datent du temps de ce prince.

VESTIBULE DE SAINT-LOUIS. — Il est remarquable par son style gothique et les statues qui le décorent. L'escalier qui, de ce vestibule, conduit aux étages supérieurs, mérite aussi d'être vu.

COUR DE LA FONTAINE. — Cette cour, entourée sur trois côtés par d'élégantes constructions, qui appartiennent aux règnes de François Ier, de Henri IV, et dont l'ensemble se mire dans les eaux limpides du vaste étang qui la limite au sud, est l'une des plus jolies et des plus remarquables du palais. En voyant ces édifices élevés avec art et d'une manière tout à fait grandiose, on se croirait transporté dans une de ces villas enchantées de l'Italie. Mais ce qui ajoute admirablement au charme qu'éprouve le visiteur, c'est le délicieux point de vue qui s'offre sur l'Étang, dont les bords sont si gracieusement ombragés par le Jardin Anglais et par les gigantesques tilleuls de l'avenue de Maintenon. Le nom de cette cour vient de la fontaine qu'on y voit; elle est à quatre jets d'eau, et surmontée d'une statue d'Ulysse, en marbre blanc, sculptée par Petitot.

JARDIN ANGLAIS. — Ce fut jadis une forêt de broussailles que Napoléon fit transformer comme nous le voyons aujourd'hui. Là était la célèbre fontaine *Bléau* ou *Belle-Eau*, à qui le château et la ville doivent leur nom, et dont malheureusement la source a été en grande partie perdue par les travaux hydrauliques qui y furent exécutés sous l'empire. Les deux bâtiments que l'on remarque dans ce jardin, sont : le Carrousel, construit sous Louis XIV et Louis XV pour les chevaux du roi, et le Manége élevé en 1810 pour l'usage de l'École militaire, alors établie dans les bâtiments de l'aile gauche de la cour du Cheval-Blanc. La superficie du Jardin Anglais est de seize hectares distribués et plantés de la manière la plus gracieuse, et dont les frais bosquets, les magnifiques allées, et les chemins à sinueuses courbures, offrent à la fois les promenades les plus agréables et les délassements les plus doux.

Ceux des arbres les plus remarquables et les plus beaux qui ornent le Jardin Anglais sont : le Maronnier d'Inde, le Maronnier à fleurs rouges, le Noyer noir d'Amérique, le Hêtre pourpre, le Sycomore, l'Acacia blanc, le Saphora du Japon, le Platane d'Orient, le peuplier d'Italie et celui du Canada, le Pin d'Écosse et celui de Corse, le Sapin Blanc, l'Épicéa, le Tulipier de Virginie, le Catalpa, le Cerisier à fleurs doubles, l'Ébénier odorant, l'Arbre de Judée, etc, etc.

L'ÉTANG ET SON PAVILLON. — Le Jardin Anglais est borné au levant et au nord par une pièce d'eau de quatre hectares. Un joli pavillon a été construit à peu près au milieu en 1540. Dans l'intérieur sont des peintures à l'huile, sur plâtre et sur bois, représentant des oiseaux de plusieurs espèces. Cette décoration est de l'empire, mais le tout a été restauré en 1834.

PARTERRE. — C'est un carré de plus de trois hectares, enfermé de la manière suivante : au nord, 1° par la façade des offices du roi dont les étroites fenêtres et la simplicité du style appartiennent au règne de Henri IV; 2° par la grille neuve à travers laquelle on voit le baptistaire de Louis XIII, dont la construction est si belle et si remarquable; 3° par le pavillon du Dauphin, bâtiment sur lequel sont sculptés des poissons de ce nom et que Henri IV fit construire pour y loger son fils, Louis XIII, alors Dauphin de France; 4° par le bâtiment qui comprend à la fois la chapelle de Saint-Saturnin et la Chapelle haute, bâtiment d'un style très remarquable par ses contre-forts, ses pilastres, ses colonnes et toutes ses belles sculptures parmi lesquelles figurent la Salamandre et l'F de François Ier; 5° par le bâtiment dont le rez-de-chaussée se compose de la galerie des Colonnes et l'étage supérieur de la magnifique galerie de Henri II. Là se montre aussi un style d'architecture très remarquable et de salamandres, ce qui indique que ce bâtiment, comme le précédent, appartient au règne de François Ier; et enfin par la Porte Dorée, construction très élevée et également du temps de François Ier. Au couchant, le parterre est limité par la belle et magnifique allée de Maintenon. Au midi, par le fossé du Bréau dont les eaux viennent de la Fontaine Belle-Eau, et du côté de l'est le parterre a pour limite les deux grilles du parc et le tertre qui surmonte les anciennes cascades.

Depuis son origine, sous François Ier, ce jardin a subi plusieurs transformations; d'abord sous Henri IV, puis sous Louis XIV, époque à laquelle il a été dessiné par Lenôtre, tel que nous le voyons à présent. La pièce d'eau, de forme ronde, se nommait le Tibre, à cause d'une figure allégorique en bronze qui était au milieu, avec un groupe représentant Romulus et Rémus allaités par une louve; en 1793 on l'a enlevée pour la convertir en canons.

La pièce d'eau du milieu du parterre est carrée et est alimentée par une vasque, sorte de pot bouillant dont le jet est passablement abondant.

A l'angle nord-est de ce jardin s'élève le pavillon de Sully, vieille construction ainsi nommé, parce que sous le règne de Henri IV elle fut habitée par le vertueux Sully. La toiture à pans coupés et celle de forme conique qui distinguent cette construction, indiquent, ainsi que le style d'architecture de son ensemble, qu'elle appartient au règne de François Ier. C'était le pavillon du grand Chambellan. Aujourd'hui c'est le logement de l'Architecte du palais.

PARC. — C'est Henri IV qui a acquis le vaste terrain sur lequel le parc a été établi, et dont la contenance totale est d'environ 84 hectares. C'est lui qui a fait creuser et entourer le Canal de murs en gresserie, c'est l'un des plus beaux de France, qui comprend 1,200 mètres de longueur sur 39 de largeur.

Avec le Canal, le parc renferme une autre pièce d'eau appelée le Miroir, à cause de sa forme. C'est le réservoir des eaux du château; elles y sont amenées par des conduits qui prennent naissance à l'entrée de la ville, sous les faubourgs des Pleux et des Provençaux. Sur la gauche de cette pièce d'eau est la fameuse treille que Louis XV fit planter, et dont la longueur excède 1,400 mètres. Elle produit, dit-on, année commune, de 3 à 4,000 kilogrammes d'excellent chasselas, qui ne le cède en rien pour la délicatesse à celui de Thomery, dont la réputation est presque européenne.

Mais ce qui orne le plus majestueusement le Parc, ce sont les vieilles et hautes avenues qui le coupent dans tous les sens, et parmi lesquelles on admire principalement celle conduisant vers le hameau de Changy. Les ormes qui la composent, plantés il y a deux cents ans, sont d'une élévation prodigieuse. A côté et sur la gauche de cette gigantesque avenue, on pénètre sous un labyrinthe dont les routes sinueuses et gracieusement boisées offrent de charmantes solitudes.

A la droite du Parc s'élèvent, en amphithéâtre, des maisons, au milieu desquelles on remarque une vieille construction, qui semble appartenir au XIe siècle : c'est l'église d'Avon, qui fut, jusqu'au règne de Louis XIII, la paroisse du bourg de Fontainebleau ; là, reposent les cendres de Monaldeschi, cet infortuné Italien, sacrifié à la vengeance de l'ex-reine de Suède, dont l'impunité fut un autre crime ; celles du célèbre peintre Ambroise Dubois, puis celles du savant mathématicien Bezout, né à Nemours, et du naturaliste d'Aubanton, morts tous deux au hameau des Basses-Loges, où ils s'étaient retirés pour se reposer de leurs scientifiques travaux.

On remarque aussi dans cette modeste église une pierre tumulaire, dont l'inscription indique que c'est dans ce lieu où fut déposée la cendre de Philippe-le-Bel, mort à Fontainebleau en 1314.

PARTIES DU PALAIS

Qui ne sont visitées que par les personnes munies d'une permission spéciale.

APPARTEMENT DU DUC DE NEMOURS. — Il est composé de huit pièces qui ont été ornées et décorées en 1809 pour les Sœurs de Napoléon. Les riches tentures de soie, ainsi que les siéges dorés qui en composent l'ameublement viennent des fabriques de Lyon. L'antichambre et la salle à manger sont ornées de quatorze tableaux dont les plus estimés sont : deux paysages, par Hilaire ; deux vues de ruines, par Robert ; une vue de la forêt de Fontainebleau, par Cabat ; et une vue de cascade, par Crépin.

APPARTEMENT DU PRINCE DE JOINVILLE, composé de huit pièces ornées par quarante tableaux, presque tous sujets de chasse, peints par Oudry et Desporte.

PETITS APPARTEMENTS DES PRINCES ET PRINCESSES. — Ils sont composés de quinze pièces, ornées de trente-deux tableaux diversement remarquables.

ANCIENNE GALERIE DES CERFS. — Elle est actuellement convertie en petites pièces. C'est dans une de ces pièces que l'on voit, au bas d'une fenêtre, l'inscription funèbre qui indique que c'est là où la fameuse Christine de Suède fit massacrer l'infortuné marquis de Monaldeschi. On remarque dans la même pièce un tableau qui représente la première scène de ce terrible drame.

APPARTEMENT DE MADAME DE MAINTENON. — Il se compose de trois pièces principales, élégamment ornées et couvertes de dorures. On y remarque deux meubles du fameux Boule, dont le travail est d'un fini parfait. C'est dans cet appartement, dit-on, que Louis XIV, séduit par les persévérantes insinuations de la veuve Scaron et surtout par les instigations du prêtre Letellier signa la révocation de l'édit de Nantss.

CHAPELLE HAUTE. — Elle est ainsi nommée parce qu'elle a été sur-ajoutée précisément à la chapelle de Saint-Saturnin, qui n'en forme en quelque sorte que le caveau. Elle a été bâtie par François Ier. Sa forme ovale et gondelée lui donne un aspect très gracieux. Sa longueur est de 18 mètres et sa largeur en a huit. Sa hauteur sous clé de voûte est de 16 mètres. Son architecture est de deux ordres : dorique et composite. On remarque dans cette chapelle : douze pilastres avec leur chapiteaux d'ordre dorique et les douze colonnes qui les surmontent et supportent les principaux ceintres de la voûte. Cette voûte en berceau se compose de petits cadres en caissons avec moulures ; elle est d'un travail hardi et très délicat. Le balcon peint et doré, supporté par six colonnes, qui existe à l'entrée, était destiné aux musiciens et chantres de la chapelle, lorsque le roi entendait la messe.

Le chiffre amoureux d'Henri II et de Diane de Poitiers se voit encore dans les ornements de cette chapelle. Mais on y voit principalement ceux de Henri IV et de Marie de Médicis, puis celui de Louis XIII et d'Anne d'Autriche.

La Chapelle Haute, transformée en bibliothèque sous l'Empire, renferme environ 30 mille volumes, dont le plus grand nombre se compose d'ouvrages précieux.

JARDIN DE DIANE. — Il était appelé autrefois jardin des Buis, puis plus tard jardin de l'Orangerie, et maintenant jardin de Diane, à cause d'une Diane chasseresse en bronze qui décore la magnifique fontaine que l'on voit dans ce jardin. Il est à regretter que cet Éden, non moins délicieux à parcourir que celui de la *Fontaine-belle-Eau*, soit enfermé d'une haute et hideuse muraille qui en interdit la vue du côté de la ville. Puissions-nous, dans l'intérêt de la localité comme pour l'agrément des voyageurs, la voir disparaître, cette affreuse muraille!

Fontainebleau imprimerie de E. Jacquin.

www.ingramcontent.com/pod-product-compliance
Lightning Source LLC
Chambersburg PA
CBHW060711050426
42451CB00010B/1381